Mi Alma Siente

Susan Lidia Montes De Aragon

A publication of

Eber & Wein Publishing

Pennsylvania

Mi Alma Siente

Library of Congress
Cataloging in Publication Data

ISBN 978-1-60880-748-2

Proudly manufactured in the United States of America by

Eber & Wein Publishing
Pennsylvania

La Poesía es un sentimiento

Que nace entre el baño refrescante del aire ambulante

Se encuentro entre las notas que entonan el agua corriente de un riachuelo

Esta escondida entre la lluvia de una estruendosa tormenta

y hasta en la blanca cortina de neblina en invierno . . .

La poesía está esperando en el corazón de todos, el cruel, el triste, el malo, el bueno.

La poesía nace con una flor, con una herida, con un beso, con una lágrima.

Puede ser una confesión, un pedazo de papel donde trazamos nuestros más íntimos secretos.

Puede ser un tesoro de felicidad o el llorar de un corazón desesperado . . .

Pero cualquier cosa que la poesía revelé,

Está siempre en lo más profundo del corazón, esperando . . .

CONTENTS

DESDE ADENTRO

Porqué Para Mí

Un Poema está flotando en el aire, en la Primavera colorida, en una tormenta entre la lluvia, en el invierno con la niebla.

Un Poema se encuentra en el corazón de cualquiera: el cruel, el bueno, el malo.

Un Poema viene con una flor, en una herida, con un beso, con una lágrima.

Puede ser a veces una confesión, un pedazo de papel donde revelamos nuestros más queridos secretos.

Puede ser un tesoro de Felicidad, o el llanto de un corazón desesperado.

Pero cualquier cosa que revelé, un Poema siempre se esconde profundamente en todos nuestros corazónes.

Palabras De Un Poeta

Quiero que cada palabra, por más pequeña que sea,

Guarde en cada sílaba, en cada letra,

Tanta sabiduría que abarque la inmensidad vacía de lo ignorado.

Pienso que en el conjunto ha de formarse algo significante,

Como la melodiosa música que forman las notas en un vaso de cristal

Con el redoble en el tocado,

Y así, como la música debe ser melodiosa,

El verso debe ser el reflejo de un algo profundo, que no complique y claro . . .

Por más que a alguien le falte la vista y no los sentidos y los oídos,

Ha de hacer llegar estas palabras a su alma,

Como hace llegar su Amor al corazón de su amada.

Pero para aquel que está completo

Pero tiene cerrado el corazón con gruesas murallas de piedra,

Han de ser estas palabras vanas,

No escucharan su mensaje, ni sus notas bellas.

El viento empuja las hojas,

Emitiendo un silbido, o lamento,

Y estas letras van marcando nuestras vidas

En cada acorde del verso . . .

Somos

Todos somos una isla en el desierto,

Una isla sola y humeda de tristeza.

Una isla quieta y callada

En espera…

Somos éso, como una isla sola en el desierto

De verde y húmeda vegetación.

Somos como una lágrima que rueda por la mejilla y cae

Y se evapora en nada…

Somos como un grito que sigue en el eco

Y nunca acaba…

Somos como las olas que arañan la costa

En una mañana…

Somos éso, algo y nada…

Algo que sigue igual pero que cambia.

Algo que viene pero que pronto acaba.

Algo que llora y rie, que grita y calla…

En Mi Jardin

Cuando las camelias vuelvan a florecer en mi pequeño jardín,

Cuando los cisnes, tan blancos, vuelvan a nadar en el lago profundo de mis añoranzas,

No serán sueños entonces los que alientan mi vida,

Sabré que la realidad vuelve para mi, fruto de mis añoranzas…

No habrá más lloro en mis noches negras,

Ni la súplica, que sin quererlo, escapa de mi garganta.

Solo se oirá el gemir de un árbol con el viento,

Que volara hacia Dios, con el rezo de su hija amada…

HIJOS

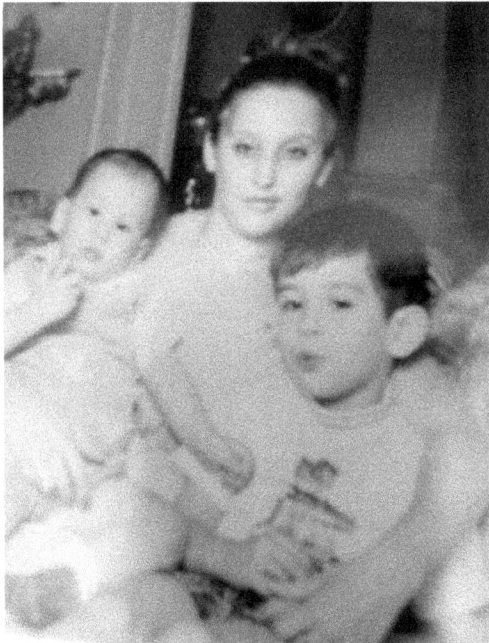
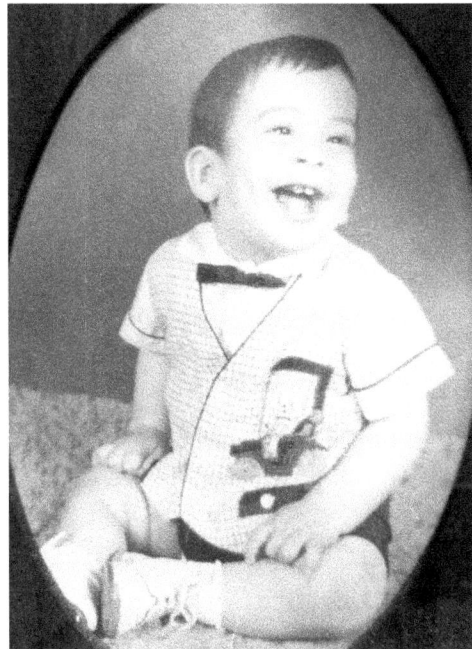

A Mi Frutito (A Mis Hijos)

Al cielo subió una estrella todos mis sueños,

Iluminó en mis ojos la noche con mis anhelos,

Y con el rostro mojado, en brazos, bajo una luminosa Ada

A traerme el fruto de mi alma en una mañana…

Corazón inocente con mi felicidad encerrada,

Sueño mio que un dia despertaras,

Única esperanza de esperanzas de mi alma

De lograr en tu existencia mi felicidad frustrada…

Capullo blanco de mejillas de rosa pintadas;

Manitos de seda que acarician sin rumbo mi alma…

Pintaré con mi vida en tu vida solo mariposas blancas,

Dibujaran mis ansias, para siempre, tu carita de alegría empapada…

Quisiera (A Mis Hijos)

Mis manos querrán moldear tu rumbo para que sea bueno y noble,

Con voluntad fuerte como un roble;

Con mente trabajadora y de racional inteligente.

Para que sigas tu paso, valiente, cuando momentos malos te toquen…

Las riquezas del alma son de más valor que las riquezas mundanas, porque ellas son las únicas que pueden enderezar nuestra conducta, favorecer nuestra personalidad y fortalecer nuestro espíritu a través del paso de los años, y porque, solamente éllas son las únicas que permanecen en nuestro ser hasta el último pálpito de nuestras existencias.

Y si consigues lograr las riquezas mundanas, y con éllo no mutilar las riquezas de tu alma, lograras el tesoro de ser intensamente y doblemente rico.

En todos los caminos que la vida te empuje, pobres o ricos, lindos o feos, si sabes darle el valor verdadero a las cosas, encontrarás que no solo lo que luce o brilla es valioso: hay flores hermosas escondidas entre el pasto salvaje, y hay seres que aún feos son bellos. Pero si tus ojos saben, en realidad, ver: veras bellezas en caminos perdidos y polvorientos; y encontrarás algunas almas buenas escondidas en los hombres.

MADRE

MADRE

¿Nunca visteis una rosa muy hermosa marchitarse

En el conjuro de una tarde asoleada?...

¿Nunca una estrella muy bella caerse lenta y

Ciega en cierta noche primaveral?...

Hay alguien, no rosa, ni estrella, que lleva

La hermosura y suavidad de la rosa,

La pureza y claridad de una estrella.

Lleva el sexo de mujer, y por dar frutos

De esposa, de pureza y suavidad,

Lleva MADRE, como estrella y como rosa…

Mi Madre

Élla es, en todos sus ademanes,

Como una fuente rebosante de ternura,

Lleva en su alma, calma y bondadosa,

La sabiduría que emancipa toda duda…

Sus manos, cansadas de trabajo,

Eran como la lenta caricia de una pluma

Rozándome la cara

Siempre que mi llanto de niña le pedían

Desde mi cuarto en frías madrugadas…

Élla es mi ejemplo de fortaleza cuando devil,

Mi aliento, cuando decepcionada

En malos juegos del destino, que lastiman…

Mi madre, mi única y más grande amiga…

Espejo en el cual busco mi propio reflejo

En todos los tramos de mi vída…

MADRE

Recuerdo cuando entre sombras de la noche,

Se cerraban mis ojitos de pequeña;

Mi cuerpito se rendia de cansancio,

Estabas TÚ junto a mi cuna

Y mi carita acariciabas con tus manos…

Eras TÚ, quien a la luna convertias en mis sueños.

Que redonda, sonreía con ternura, en sus pasos por el cielo.

Y muy temprano el sol, cuando me despertaba con besos.

MADRE: Eran flores que tirabas a mi paso

Y dulzura que con la briza traías.

Ternura que ponías en tus manos y tu regazo…

Hay un sitio para siempre en mi corazón para tí.

Queda siempre en mis labios un beso que te debo

Por todo el Amor y caricias que recibí…

MADRE

Su corazón, cual brillante, esplendoroso,

Lucía como un arcoíris de bellos colores

En su gesto, en sus miradas, en sus ojos,

En su aroma, bello perfume de flores…

Élla, clara como un manantial,

Murió y llevose en su mirar,

Su amor, su rostro, su esplendor,

Pero segui oyendo su voz, en su lejos susurrar…

MADRE

Ahora que encuentro más estrellas en la noche,

Ahora que, para mis ojos, no hay más limites en la tierra,

No hay brisa que acaricie con tu ternura

Y no hay flor que pueda copiar tu pureza…

MADRE: Que alegre en tus ojos, mis ojitos, contaban estrellas.
    Si la brisa no contaba aún en mis oídos, hubieron caricias,
    Hay recuerdos de seres, caritas risueñas,
    Hay amor en tus manos, como eternos pétalos que a mi alma acaricia.

MADRE: Queda en el silencio que tu nombre no ha podido llenar,
    En la estela que has dejado, brillante como una estrella,
    Mucho más cariño que a tu nombre puedan dar,
    Como los besos de tus labios en mi carita de pequeña.

MADRE: Eras tu quien a la luna convertias en mis sueños,
    Que, cuando afiebrada, suavizaste mi dolor con tu dulzura,
    Eras tu, quien me despertabas con besos
    Cuando, dormidita, descansaba en tus brazos de ternura…

Reias conmigo mis alegrías, llorabas en tu alma mis tristezas.

Queda en mi alma el beso que te debo, en mi corazón las caricias que en él laten.

Cómo puede el mundo que te ama olvidarte?...

Va prendido en tu nombre mi ternura al llamarte siempre: "MADRE"…

Anciana

Pudo la vida polvorear de nieve, aureola de plata, blanquear su cabello.

Pudieron largos años apagar el brillo de su mirada, un velo de tristeza y desconsuelo,

Pudo el látigo del destino azotar su piel y llenarla de surcos profundos.

Para esperar con paciencia los minutos que corren y se van pronto, en este mundo.

Pudo el peso de los años, aquellos que ella soportó,

Secarle el alma, tan fuerte, tristezas que ella lloró.

Pudo el rocío de un dolor tan hondo, penetrarle,

Que ya, encuentra consuelo, sin hacer caso a nada, ni a nadie…

No quedan en el alma anciana, ni sueños, ni anhelos, ni esperanzas,

Solo recuerdos de ese pasado feliz, recuerdos que, de vez en cuando, por su mente cansada vagan.

El mundo se apagará en sus ojos, el silencio le susurrara que es la hora del descanso.

Y afuera el día se ira con el atardecer, mientras una estrella nace en la inmensidad magna…

PATRIA

Patria Mía

A ti, Patria Mía, que me encariñaste sin pena,

Que me introdujiste en las venas la tierra de pampas felices.

A tí, que nunca quisiste un pecho con alma traidora,

Y descubriste en la aurora mi única estrella divina…

¿Que estrella? La estrella que un día el cielo me trajo escondida,

Y yo, yo que no comprendía lo hermoso que era contigo.

Que cielo, que mañanas, que vida,

Que fuerte mi pecho de orgullo expandias…

Y ya, lejos ya te tus mañanas, tan frescas y doradas,

Del sol, de jóvenes trigos que en su regazo descansan,

De pampas que yo he amado, de cielos tan recorridos,

Te añoro en los recuerdos, te ansío suelo querido!

PATRIA

Y cuando sienta tocar la PATRIA con las palmas de mis manos,

En el horizonte vere el rostro inigualado de un hogar inmenso,

El cielo no lloverá en mis mejillas rosadas,

Ni enfriará la espiga caliente y dorada del sol…

Ya no sentiré más los látigos de un corazón melancólico,

Ni quedarán en mis venas la savia de lágrimas tristes;

Es PATRIA la que llama, la que siempre en mi pequeña alma,

Las pampas verdes de tus hermosos llanos Argentinos extendistes…

La Pampa Argentina

Mientras por el campo sereno

Huyen las sombras escurridizas

Con el silbido del viento,

Nace en la Pampa Argentina

Aquella aurora divina

Que traería a esos pagos

El bullicioso trabajo de la faena del día...

El intenso calor

De la aurora de fuego, el sol

Ya se deja sentir;

Mientras que ya hace rato

La pava yacía en el fogon,

Recalentada después de su segunda vuelta del Mate

En la enorme rueda de la gauchada

Y de la Chola, la paisana de Juan Simarron...

Pero ya ha llegado la hora

Que partamos otra vez,

Pa domar y arrendar esos potros,

Pa reunir el ganado

Porque a pesar de todo

La faena ni ha comenzado…

Ya comienzan los gauchos

A mostrar sus fuertes agallas,

Porque si son animales y como animales se portan

Como animales los tratan…

Y cuidado si el potro no se deja domar

O si una vaca de la manada se aparta,

Porque con su voluntad de hierro

El Gaucho ha de volverla a la manada…

Y, más tarde, cuando las sombras de la noche

Vuelven a inundar el día,

Aparece nuevamente en la lejania el Gaucho,

Con los hombros cargado de fatiga

Pero lleno de triunfo el corazón del bravo…

MISIONES

MISIONES, de largos llanos, de asados sabrosos, de alegres mañanas.

De verdes paisajes de mi lejana Patria, y dulces esencias.

Hermoso pañuelito rojo que guardas enterradas en tu entraña

Las semillas muertas de mi niñez y temprana adolescencia.

MISIONES, de un ayer que melancólicamente revivo,

De cielos encendidos que besan tu palma.

Misiones pintoresco, hoy, crecido y extraño,

Pero para siempre prendido en los viejos recuerdos de mi alma…

MISIONES, abrigo de mis primeros anhelos,

De un ayer simple y espiritual, de valiosas enseñanzas;

Luna acogedora de una niña de dorados sueños,

MISIONES, dulce cuna de mis primeras esperanzas…

MISIONES

Noches de terciopelo negro,

Luna blanca y chacareras románticas.

Misiones lejano de luminosas estrellas,

Prendido en el fondo de mi vieja alma.

Alli estas, muy lejos, Misiones, vestido con tu falda colorada,

Con tupida vegetación de verde entrelazada,

Como un tranquilo aposento de paz,

De flores silvestres e inocentes miradas…

Misiones de guardapolvos blancos y risas simpáticas,

De mis primeros pasos en el rumbo de mi vida,

De mi primer pimpollo amoroso, primera ilución de mi alma,

De mi dulce e inocente infancia…

Mi Tierra

Supe que era una planta cuya sabia alimentaba mi terra,

Supe que era fuerte junto a élla, móvil mis raíces afirmadas a sus seno,

Supe que más intensa la fuerza con nuestras fibras entrelazadas;

Más, el impulso de alejarme… más, el deseo de sentirme más fuerte,

Empujaron mi ser y me arrastró el viento hacia tierras muy lejanas…

Siento ahora como inunda el desconcierto mi mente de incomprensión gastada,

Ya de nada vale el arrepentimiento si tendré que alimentar con otra tierra mi sabia,

No puedo acobardarme y apagar el sol que nos da vida,

Y doy razón llorando mis tristezas, y afuera lentamente despunta el día…

DESDE ADENTRO

Entre Compases De Viento

Entre compases del viento, las hojas danzan y danzan,

Y en cada hoja que cae, por la mejilla se desliza una lagrima,

Son las esperanzas que mueren, son los recuerdos que matan,

Es el dolor de una herida que una gota de sangre derrama,

Y, en su tristeza, llora de desesperación, el alma.

Cómo vierten, en silencio, las flores en cada mañana… una lágrima.

Consuelo

La vida para mi es una eterna noche,

En la que, ante mis ojos, toda belleza no existía;

Sólo conocía sombras y sombras, y me desesperaba

Buscando con ansiedad la luz del día…

Negras noches, negros días,

Ningún rostro conocía,

Y me ponía contenta al saber

Que era blanca el alma mia…

Consuelo

Ved…aquella aurora divina que con la tarde murió,

Ved…aquel crepúsculo rojizo que con la noche desapareció,

Aquella estrella tan grande y tan brillante

Que parece más cercana de las otras de su alrededor.

Vedlas… citate con ellas en las horas de paz y tranquilidad,

Y, al verlas, quizás logres, como yo reflexionar.

"Gracias, Dios mio, gracias por darnos de lo tuyo, todo,

Porque, al alzar la mirada, encuentre en la desesperación consuelo,

Y pueda hallar luz y dulzura en el sabor amargo del lloro…"

"Que, si atrás de los ojos, bajó la mirada se encuentra un mundo odioso,

Pueda, al menos, tropezar mi mirada, con algo puro, hermoso…"

Desilusión

Fue como si una rosa maravillosa en un día se secara,

O como si una estatuilla de mármol de dedos inquietos resbalara.

Fue el viento tan fuerte que a un árbol viejo a sus hojas arrancaran,

Fue, tan solo, el invierno para que no apareciera más el sol en una mañana…

Tan solo eso para que una ilusión grande en un corazón se quebrara,

Para que las olas de un mar misterioso y profundo en un instante se las llevara;

Para que una inmensa alegría no fuese más esperada,

Para que quiebre en el alma lo que llevan todos adentro, una esperanza…

Y como en todos aquellos, un dolor profundo inundara,

Y nos trajera a los ojos, heladas y perladas, la lagrimas,

Que nos lavara el rostro, que nos turbia la mirada,

Que a la boca nos llevara el sabor de una gota salada…

Desilusionada

Soñando, inundada de las sombras del tiempo muy atrás,

Me siento desilusionada, cansada, como si la luz de mis quince primaveras

Se doblaran, triplicarán, y de repente se murieran…

Me siento como una ancianita que sentada teje recuerdos;

En su alma ya no se repiten restos del tiempo activo,

Y mirando a esa estrella tán hermosa, tán opaca,

Tira al viento viejas esperanzas y emana su último, triste suspiro.

Que triste el día, que tristeza la noche me ha traído.

Tan opaca, tán obscuro, tán sombrío…

Es como si la luz de repente se apagará

Con la última ilusión que se me ha desvanecido…

Desolación

Entre las sombras profundas de las noches largas,

Es la incertidumbre que a mi mente entrega,

Del inmenso cielo, de mis flores blancas,

Del cristal acibar que a mi alma mancha.

Tras la cortina impenetrable de la luz del infortunio;

Tras la máscara sofocante de la atmósfera invisible,

Vino el manto indescriptible de una aurora muy distinta.

El espejo de la noche era el rostro de mi alma

Y la lluvia y mi tristeza la alegría se llevaban…

Tras la luna asomada entre rostros en mis recuerdos,

Una sombra sospechosa en mis sueños la que acecha.

En mis auroras, son las noches inesperadas que presiento,

En mi mente, que no descansa, y en mi alma que cae en tristeza…

Desolada

Queda nada del camino de esperanzas;

Ni siquiera sueños que borren la mueca triste de mi boca muda.

Queda una pluma de mis propias ansias,

Solo una estela de sueños que a mi alma despertaban a su ayuda…

Un tercio ya trazado de mi vida,

(Quizás a un instante de dejar de existir para siempre).

Nada trazado ni logrado todavía,

Y, aún, sin darme la mano esta maldita suerte…

Dolor

No, no puedo hablar al silencio que no me comprende.

No, no puedo contestar al viento que no me escucha.

Mis palabras caen en la nada, y sin aliento,

Mis lamentaciones brotan y se van, como el mar, entre las brumas…

Entonces, para que perder el tiempo, si no hay sentido,

Solamente quedan prendido en mi pecho la tristeza y mi congoja.

Ya no encuentro alegría en la bella naturaleza,

Y mi alma se resbala, vagando, entreverada entre las secas hojas…

Cuando el clavo oscuro de dolor penetra en tu vida,

No puedes revelarlo al que no lo siente.

Y si ya no quedan sonrisas en tus labios secos,

Ensaya una mueca y entiérralo, ocultarlo para siempre…

Porque nadie comprenderá cuando una lágrima escape de tus ojos,

Y la injusticia de lo que te paso invada tu mente.

Nadie le importara la verdad, si a los mentirosos les creen

Cuando te visten de mentiras como a un juguete…

Mi Alma

Entre mantos insoportable de incógnita,

Encierro pensamientos en secretos sentimientos,

Incógnita interroga: "¿Que será? Que soy?"

Y la voz responde: "Yo soy una pena en mi pecho…"

Cazo siempre mariposas negras.

¿Quien esconde mis mariposas blancas...?

¿Quien adentro se esconde

Y en secreto se lleva a las almas?"

No, no eres nadie más que tú, mi propia alma,

Que no sabes olvidar tristezas,

Confundirlas con las sombras de la noche

Para dejarlas atrás con las estrellas…

Dulce Sueño

Cuando el sol cae vencido en el lecho del horizonte,

Cuando el manto de la oscuridad cae amenazadora en la palma de la tierra lisa,

Invita al reposo en cuerpos calientes y a almas muy frías,

Surge entre mis sueños la rosa de mi vida…

Ansiada era la hora inesperada

Para volver a vivir en las tierras del iluso.

Parece que mi mente cansada no sufriera,

Y fueran otras manos las que a mis sueños puso…

Vuelven a flotar mis pasos, ya muy lentos,

Ni siquiera mi corazón parece que latiera,

Como si enamorada de ensueños tan hermosos

Quebrar lo ansiado no quisiera…

Pero la luz del día trajo mariposas blancas,

Que ahuyentaron la hora del inmenso.

No importa, esperaré esta noche, que entre sabanas blancas,

Vuelva otra vez a hacerme feliz, el dulce sueño…

El Dia Esta Llorando

La cortina nacarada nubló el cielo y se desparramó sobre la tierra,

Ya lo prometía esta mañana cuando triste y enlutada amaneció la naturaleza,

Cuando la noche seguía y no quiso el sol alumbrar y llenarla de belleza,

Cuando la bruma gris el cielo cubrió y su azul puro escondió tras una masa espesa…

Cayó fuerte, ruidosa, si pareciera que llorara

Y gimiera en su tristeza,

Si pareciera que en su llorar, los árboles, las flores,

Todo, con ella, se entristecieran…

Ya calmo, aromas vírgenes se dispersaron de su corteza mojada, helado, puro,

Llegaron a mis pulmones y lavaron mis entrañas,

Mientras un árbol mojado parecía sudar en el día frio, oscuro,

Que empezaba a nacer con mucho dolor, en la mañana…

El Hombre

La briza mueve las hojas en el árbol de la vida,

Y cada hoja es un hombre, un corazón que palpita.

A las hojas, se las lleva el viento rodando por el sendero,

El hombre sigue el camino de la mano que lo guia…

Muchos de ellos se conforman en las manos del destino,

Y encuentran alegría en seres y caminos;

Otros a sueños se entregan,

O ahogan desilusiones en una copa de vino…

Esclava

Buscan las manos profundas de la negra ciénaga, que cautelosa espera,

Un pecho, que gime y llore, en el silencio de las noches magnas,

Nadie imagina, que en sueños, caen mis pétalos blancos,

Y qué, dulce, el gallo rojo canta, mientras caigo en ese encanto…

No quiero tocar las manos de la ilusión más hermosa,

Pero con traición me ha engañado, y vivo entre imaginarias felices pompas;

Que cuando cierro los ojos, el día cae conmigo en la inmensidad grandiosa,

Pero el tiempo es corto, y el mundo en sus muchas vueltas, llora…

No quiero decir con los labios del profundo dolor que enmudece,

Que soy de él, de él que pretende ignorar a la amada,

Que felicidad no me esciava, y hacerme de ella pretende…

No quiero vivir entre las almas frias de ignorancia,

Y si la tarde cae, naceran entre las sombras mis sueños,

Entonces, que los labios frios del invierno me besen,

Que seguiré durmiendo entre los brazos de mis anhelos…

Esperanza

En las aguas del mar profundo se hundió la barca de mis sueños,

Mariposas, que sin yo quererlo, se han mojado las alas,

Nubes tan celestes que entre sombras murieron;

Fueron llevándose poco a poco mi alma entre sus garras…

Nadie pudo saber quién era el pájaro que herido caía,

Nadie pudo imaginarse que, entre sombras, moria

El manto blanco y feliz de una esperanza,

Esperanza tan breve, fulgor pasajero de mi vida…

Esperanzas Mias

Que triste y larga se me hace la espera de un crepúsculo,

Que sonora la voz de meditaciones me susurra al oído, muy bajito, que no vendrá.

Todo tan quieto, el silencio descansa en el palpitar profundo de mi corazón,

Y solo el invierno de mi alma tiembla con el vaivén de una hoja seca de un árbol que caerá…

Que lejos de mi, están mis dorados sueños de tiernas primaveras,

Como frágiles, se van rompiendo al empuje del tibio viento;

Que poco aire puede llevárselos, y cuantas mis noches de labrarlos,

Y pienso que son tán fuertes que, al irse, una parte de mi se van con ellos.

Hasta donde se las llevara el viento, esperanzas mías,

Muy fria con su partir mi vida se queda,

Como duelen los azotes de mis heridas,

Que triste el crepúscuclo, que sola la espera;

La espera de un embrujo que componga los pétalos rotos,

Y será en la noche, cuando blancos y nuevos sueños vengan…

Este Día

Este dia, dia negro de esperanzas,

Que lejanas las ilusiones colmadas de añoranzas;

Que en las copas cabe el vino de melancolia,

Y, en los ojos, la tristeza gotas de dolor derrama…

Si toca la epidermis el filo del cuchillo,

Y la música trae lentamente extraños lamentos,

Es mi pecho que tan seco de alegría,

Negro penetra en acordes de silencio…

Llovera este dia en las almas perdidas,

Aquellas con que la vida se ha ensañado,

Y notarán mi negro payaso que jugando

A mi alma, al final, ha consolado…

Gozo De Vida

Serpentinas de oro desparramaba carnaval de fuego,

Tiras que bañaban la corteza acostada;

La tierra lloraba humedad, y humedad brotaba

En la sabia ondulante de un riachuelo…

Reía el cielo carcajadas de salud y primavera,

Vestia a la naturaleza de belleza y fantasia,

Abrian los pimpollos radiantes de hermosura;

Jugaba, deshojando las viejas flores, la briza…

Cantaba un ruiseñor enamorado.

En el horizonte besaba la tierra el cielo;

Danzan las mariposas empujadas por el viento,

Tienden sus faldas coloridas al compás de su aleteo…

Gimen cantando los árboles;

La rosa es tan perfecta, todo es tan bello

Que burbujea en la sangre gozo de vida.

No quisiera que nunca quebrase este ensueño…

Humo Negro

Humo negro, humo gris, humo que vistes los ojos,

Y con fina arena cubres el terreno de la verdad.

Humo negro, humo gris del Ogro

Que pretende moldear con crudo barro la sinceridad…

Negro barro, humo negro que lleva el alma perversa,

No temes que la lluvia disuelva tu obra?

Todo lo que toque tu mano quedara prendida una huella

De humo negro, opaca estrella…

Humo negro en negra noche, que harás cuando venga el día?

El sol secara el barro de tus manos,

Moldeara la huella que has dejado,

Hará luz en las almas, parara su llantos…

Negra noche, negro barro, negra estrella del día;

Negras manos, arranca de tu alma la espina!

Que Dios alumbre tu vida,

Y que guie en adelante tus pasos…

He Querido…

Dias negros de tristeza que mata la ilusión de mi cuerpo,

Último suspiro de mi vida que seca lentamente mi alma

Del jugo de la alegría, de la juventud que el viento

Se lleva como una hoja rodando por el sendero de mis esperanzas…

En mi mente, el presagio de mis tormentos me lo decian,

Y mi marcado rostro de niña de lagrimas lavaba;

Para ver si podría olvidarlo me mentia,

Y trataba con el agua salada de mi misma borrarla…

Trate de esconder mis dudas y por olvidarme de ellas,

Te hable de mi sentir, de lo que de ti esperaba,

Y esperando tu contestación, te aclare que mis quejas

Son porque te amo demasiado, para que las perdonaras…

He querido vivir como una flor que delicadamente se inclina al viento;

He querido crecer como un tallo tierno, pero fuerte y recto;

He querido ser constante como un sendero corta el suelo que marca,

Y como un lago transparente reflejar en mi el cielo…

He querido imitar todo lo que, para mi, no tiene precio;

He querido ser limpia y blanca, y no mancharme con el pasar del tiempo,

Y quizás he sido lo que no he querido ser para mucha gente,

Porque no sienten nada por mi, o no comprenden…

Yo he tratado de obrar con sinceridad,

Decir lo que mi mente dicta.

Quizás para muchos no fue así, no se…

Que Dios lo diga…

Ilusión

En la tarde tan bella espero la noche,

Y cuando ya las estrellas aparezcan en el cielo,

Me encuentro entre las sombras que la noche entrega.

Que triste y frio se impregna en mis ojos,

Que amargo el rocio, tan dulce en las flores, me llega.

No quiero que el manto grande de la noche linda en mis ojos muera.

Quisiera, que al nacer, naciera con élla,

En mi alma, como en el cielo, una estrella,

Más bella y más grande, más limpia y radiante que el sol,

Y pueda con ella la aurora divina del día que acerca

Mezclar su infinito con la de mi alma en una ilusión…

Ilusión

Desde mucho tiempo atrás he esperado que el árbol de mis amores crezca.

Quien ha podido decir que me fui evaporando en una gota de tristeza.

En mis auroras brillantes, de mis sueños, solo uno,

Y de mis labios esponjosos, el dolor, que de lo profundo trajera…

Si algún día en mi tumba renacieran muchas flores;

Son ansias que ansie, ilusiones que perdi, y en ellas amores;

Esperanzas que han quedado, sueños que enterrados,

Han surgido, alimentados de dolor, desde el fondo, en el regazo…

Nadie llorara la pérdida, mi oscura y trágica muerte,

Solo yo sentiré en mi alma, constantemente llevare en mi mente,

La única felicidad, la única flor pura y blanca que existiera en mi castillo:

Satisfacción es experimentar en el vivir, descansar es la única suerte…

Impotencia

No puedes describir con los la labios el desnudo de las almas,

Cubierta del manto gris del traicionero incompresible.

No puedes tapar el brillo de una estrella oculta, falsa.

Plantar la semilla de la planta trepadora al pie de la pared callada…

No, no pretendas apuntar a la luna si la luna sola se oculta.

Porque los labios de las estrellas cantaran su profunda ira.

No me claves la daga en tu inmensa locura,

Porque ya, insensible, me perderé en los rumbos de la vida…

No busques sentido en la humanidad callada…

Porque la humanidad está llena de bocas muy falsas…

Vente conmigo en busca de la verdad

Para que juntos podamos descubrir la eternidad…

La Barca Del Recuerdo

Donde el mar parece juntarse con el cielo,

Viene surcando las aguas,

Cortando su azul verdoso en estelas,

La barca del recuerdo;

Viene cargada de tristezas,

Lagrimas y contentos,

Viene a traer sus riquezas

Para depositarlas en mi mente

Y sumirme en el sueño,

Dormida, para retroceder los años con mi imaginación,

Para recordar la dulce niñez y su ilusión.

Pero ya ha llegado la partida

Y la barca parte llevándose los tesoros.

Ya no estoy dormida,

Tengo abierto los ojos,

Sin embargo, sigo imaginándome la visión,

Y creo ver la barca que se aleja,

Hundiendose cada vez más el las aguas del mar,

Como si lo fuera en mi corazón…

La Cruz Sagrada

Mientras oscuras sombras ciernen a su paso,

El ruido se hace cada vez más corto,

El paso entre las sombras tenebrosas,

Buscan sin cesar la luz sus ojos…

Una tenue claridad observa,

Buscando con ansiedad la luz del día;

Gruesas gotas de dolor y sacrificio

Corren por los poros que respiran…

Cierra los ojos y reza,

Reza la oración que le salvara,

Que lava el alma y lleva sobre ella

El amparo de la Cruz Sagrada…

La Huerta

Y en la huerta, tan amada, crecieron rosas encarnadas de pasión.

El viento suavemente susurraba a sus oídos las palabras más hermosas,

Y del rinconcito ignorado, el clavel apasionado confesaba orgulloso su amor…

Regalos del cielo amigo al pecho acorazonado del jardín, que abandonado,

No se dejó vencer por los rayos de un dictador.

Joyas que, resucitadas, crecieron y como fantasmas trajeron su hermosa presencia,

Ignorando que eran almas también que, despiertas,

Resistieron ofendidas a la espera de la oportunidad,

Y adornaron a la desconsolada huerta de los fríos desencantos,

Al viento de horribles llantos y a la tierra, ya herrumbrada.

Que bella la huerta aquella mañana, que de orgullosa la colorida,

No se rindió, sedienta, bajo los rayos del soberano,

Y con sus maravillosos brotes siguió desparramando vida…

La Época

Todos somos creados de un mismo barro,

Pero según la brisa nos acaricie y el viento nos golpee,

Alimentados con la carne de la época.

Las flores del mañana no vivirán en el ayer.

Si alguna vez pretendes que el viento sople como ha soplado,

Acuérdate que puedes dañar, herir un corazón recién formado.

Recuerda que éllos no te odiaran porque has obrado apoyado

En lo que mejor recuerdas,

Pero si, se apiadaran de la idea

Que te ahoga, del presentimiento que te ha posesionado,

Y si quieres conducirte bien, no es preciso ser perfecta,

El rumbo de la vida es simple, tratar de perfeccionarla es imposible:

Trata entonces de enderezar lo que no está derecho, aconsejar lo mejor,

Pero nunca obligar a que obren de acuerdo a tus sentimientos…

Nunca a la cosecha dócil del girasol podrás obligarla a crecer en dirección contraria al sol:

Nunca obligar a esa estrella brillante a desprenderse del manto azul que pertenece,

Recuerda que esa joya preciosa es un sueño más en el corazón de los seres,

Y que al separarla, morirán en un mañana gris, antes que el sol se asome…

La Esperanza

Sueño que ante todo vive,

Ilusión que nos tiene al acecho,

Aurora que ansiosos esperamos,

Convirtiéndose en nada, en un sueño…

Dia feliz, más que nunca,

Cual más lindo en la vida,

Algo mejor que el destino

Nos ha hecho ver a pupilas…

Vela que espera prenderse,

Silenciosa y fría;

Como en las noches de invierno

En tormentosos y húmedos días…

Estas grandes esperanza, nacidas por alguna razón,

Que han vivido años y años solo en el corazón,

Han de ser, algún día,

La realidad, y no la ilusión…

La Mala

Alli estaba, firme, cautelosa, riendo…

Que falsa que era su sonrisa…

Quien sabe lo que maquinaba

Mirando a su presa, el alma pérdida.

Que fuerte que hundia sus garras en la carne,

Dejaba en el viento su rastro humeante,

No quiso la luz del día llevarla,

La noche despertaba aun más su codicia,

Sufrian entre sus garras las almas,

Y gozaba, la mala, con sus mentiras;

Quiso machacarlas, sufrirlas sentirlas,

Ver en sus ojos mucha desesperación,

Y a sus almas, clavarles el dolor

Cuando creyó que su obra triunfaría…

Traidora , gozando su malicia,

Sigue robando y labrando la mala,

Y, en sus labios, estampado el gesto de risa;

Mientras que el Diablo que siempre la guia

Goza con ella su obra maldita…

La Noche

Mientras un velo en la noche lo acechaba,

Buscaba la noche con expresión sombria,

Y no sabia que, en ella, su mirada,

Algo más que la noche encontraría.

Fue escondida entre las sombras

Una sombra muy negra y mortecina,

De cuyo beso mortal no despertaba,

Y cuyo hechizo la noche enfriaría.

Que con un gesto los ojos le apagaba,

Que con sus manos al cuello, lo ahogaría,

Que ya sumido en un abismo oscuro, en nada,

El alma de su cuerpo arrancaría…

Y ya entre nubes esponjosas

De primavera y entre seres,

Sintió muy lejos,

A la muerte… que reía…

La Tristeza

Noche gris que pesa en el alma,

Manto que ahonda una herida,

Sangre que corre, pulsátil,

Ahogando el dolor que la agita…

Siembra más noche en la noche,

Nostalgias de angustias sufridas,

Trae el azote que azota

En un tajo que no cicatriza…

Vive en el alma, tiembla en la carne,

Nubla la mirada con la lluvia fría,

Y trae a la boca el agua salada,

En tormentas de la ducha vida…

Es el trago amargo del destino,

Es la fealdad de la naturaleza,

Es el imprevisto visitante

Que hace mal al alma, la tristeza…

La Tristeza

Siento el viento revolverme los cabellos,

Y ese frío del invierno pasarme a través del cuerpo y llegarme al corazón.

Siento velados los ojos por las sombras de la noche,

Y no es noche, ni es invierno, es mi alma, es mi dolor.

Ya los ojos no me brillan y los labios no se rien,

Ya no cubre mis mejillas, de la dicha, el rojo ardor.

Estas nubes de tormentas nublan el día,

Y me estremece el alma una sofocante desesperación…

Ya no llenan más las flores los jardines de mi dulce imaginación.

Ya no me contagia en su belleza, en su alegría, la hermosa naturaleza,

Tengo herida el alma…

La ha acuchillado, sin compasión, la tristeza…

La Verdad, La Vision Y El Vivir

Briba a los lejos el eco inmortal de una canción,

Miles de ángeles de corazón de oro,

Hacen temblar sus gargantas al compás de las estrofas,

Mientras que las golondrinas blancas surcan en lo alto del infinito,

Trazando el ángulo del amor

Quiebrase en lo alto el sueño por un rayo de luz,

Es el amanecer que vuelca su cabellera de oro en el mundo,

Amargo despertar para tan bella visión,

Que hace pensar,

Y a hasta inundar de tristeza el corazón.

Pero, porque hacerlo? Si los sueños no son la realidad?

Esperemos entonces a la verdad que vendrá luego sin retraso;

Afrontemos, ahora, el momento de la lucha.

Luchar contra la verdad misma,

Mientras nadie lo sabe, ni lo escucha.

Gozar cuando las alas de bondad nos lleven,

Y nos suban al paraíso terrenal.

¿No es bello el mundo en su vivir?

Gocemos entonces de la vida, porque en cada momento que pasa

Nuestro corazón puede dejar de latir.

Evitemos los llantos con la sonrisa

Y cambiemos de triste a feliz.

Solo así venceremos la batalla que afronta a la realidad,

Y solo así podremos convertir

Esa dulce visión en la verdad…

La Vida

En el minuto del tiempo, en el reloj que las horas marcaron,

En mis manos, en mi cuerpo, en mi alma libre al viento, una a una han creado,

En mis carnes, las venas pusieron, y el latido en mis puños hinchados,

Se elevaron al pie de su ofrenda, y de sangre la cara mancharon…

No, no fuiste tu aire libre del cielo, ni las joyas en el paño de mi alma,

Que pusieron la carga en mi pecho, y las olas de un mar que me esclava…

No pude yo impedir al tiempo que transcurra, ni evitar la existencia maldita;

En la cara, en las manos cerradas, impedir al alma que grita;

Entonces, decírselo a nadie, vivirlo a escondidas.

No, no podía ya consolar a la flor inocente que moria…

No alma, no traiciones mi fé, mis virtudes, no destruyas tu amor, tu conciencia,

Que si viven en el alma las risas, van en ella también las tristezas,

Y si encuentras espinas en las flores hermosas aquí en la tierra,

Brillaran como joyas el gozo, como prendida en la noche esa estrella…

Llorar

Una mano helada aprieta mi corazón,

Fuego en los ojos… nieve en el alma,

Grita la tristeza su fuerte dolor.

Gris, está el cielo, cuando presagia tormentas;

Gris, esta el mundo cuando nos apaga la mirada la tristeza,

Y, como el cielo vierte gotas de nacar,

Empapa nuestro rostro gotas saladas.

Y, como el rocio en las plantas se seca en cada mañana,

Secan nuestros ojos el tibio consuelo

De la brisa fresca o el sol en tardes calmas…

Y, como a cosas inútiles, e inservibles,

Se las lleva de la costa las aguas misteriosas del mar.

Vuelve la alegria, seca nuestro rostro,

Y olvida el alma su triste llorar…

Mi Queja

Cerrando los ojos, es como si el palpito activo cesara,

Siento, como si de la nada, surgiera una nube oscura,

Y lentamente se acercara, y lentamente me envolviera…

Siento, una lejana queja, como si el cuerpo luchara,

Como si la nada fuere alguien que me quisiera.

Siento, como si no fuera mia, agua que lava mi rostro,

Y siento, en el fondo, el lloro de un alma que ya no palpita…

Veo, el retrato de una naturaleza negra,

Veo que no esta el aire, el oxigeno que al alma lastima.

Veo que es el alma maldita la que gozo en la vida no encuentra

Y arrastra el cuerpo y lo entrega a la oscuridad de una nube fría…

Nada

Soy una hoja que empuja el viento,

Soy una sombra más que en la noche vaga,

Soy un camino perdido en el desierto,

Soy, como suele decirse, nada…

Cada noche pierdo una estrella preciosa,

En cada mañana quiebrase en mi, una esperanza

Llevame en cada gemido el viento

El recuerdo de una tarde magna,

Y como alimenta la lluvia

La savia de un riachuelo,

Me inunda un intenso dolor, que me amarga,

Y siento lluvia en mis ojos

Y encuentro el sabor del mar, en una gota salada…

Naturaleza

Danzan las mariposas a los acordes del viento,

Tienden sus faldas coloridas en su suave aleteo;

Serpentinas de oro desparrama carnaval de fuego,

Tiras que bañaban la corteza descansada,

La tierra lloraba humedad y humedad brotaba

En la sabia ondulante de un riachuelo…

Reía el cielo carcajadas de belleza y fantasía;

Despertaban los pimpollos radiantes de hermosura,

Jugaba deshojando las viejas flores, la brisa…

Cantaba un ruiseñor enamorado,

En el horizonte besaba la tierra el cielo;

Se hablaban bulliciosos los pájaros…

Todo es tan maravilloso como en un sueño,

Se mueven con el viento las hojas de los arboles;

Las flores en el sendero tan perfectas, todo es tan bello

Que burbujea en la sangre gozo de vida…

Gracias Dios mio por lo que tenemos…

Oración

Oyeme, oh Dios, núcleo de bondad y dulzura,

Oye mi voz que se alza emocionada a pedir ayuda,

Oye mi palpitar que a pesar de no tener voz,

Llena el altar de un rumor constante que viene y se fuga…

Oyeme, oh Dios, Rey de las alturas,

No dejes ir al carro cargado de oraciones;

Oyelo antes que se lo lleve el buey del silencio,

Oyeme bien, es este mi problema y pide escucha…

Dadme Señor nuevamente la esperanza perdida,

Que nazca de nuevo la ilusión bendita

Y brille en mis ojos la llama vivida,

El reflejo de la felicidad divina…

Dime, oh Dios, dime tu secreto,

¿Que pan, que voces, que concejos,

Provocaron en ti penetración alguna,

Surgiendo, oh Ser Sagrado, un sabio de bondad sin mancha alguna?

Dime, oh Dios, tu que todo lo sabes y lo eschchas,

¿Que remedio buscare para cambiar mi vida pecadora;

Que hare para que a mi alma no la invadan las sombras

Y poder escuchar tu voz milagrosa?

Dime, oh Dios, no cierres tus oídos a mi suplica;

No es el egoísmo, no, lo que me hace pedirlo

Es la sed de bondad y de dulzura,

Es mi Fé, mi conciencia lo que me pide sentirlo…

"Quien sepa lo que se ahora, oh Dios, te hará mi suplica,

Porque es la satisfacción de un tesoro poseerlo;

Mas que el mismo tesoro de diamantes y fortunas,

La felicidad que se siente en el alma al Ser Bueno…"

Orgullo

Hierba erecta de mi mente altiva,

Que ni el viento o el sol su tallo inclina.

Hierba alta que a mis oídos gritas,

Y mandas mi alma, que guias mi vida.

Hierba fuerte, castigo prendido,

Que lastimas tanto cuando te han herido.

Hierba mala que quiebra mi vida

Cuando manda al cuerpo y al alma olvida.

Hierba fuerte de raíces hondas,

Donde estas cuando habla mi alma?

Sentir dominante que mis faltas borras,

Porque me detienes cuando el amor llama?

O es que el amor, sentir tan profundo,

Solo piensa en el y olvida este mundo?

O es que lo importante es que nos amamos,

Y si existe amor, para que el orgullo?

Perdón

Oh, Dios mio, perdóname por no agradecerte por lo que me has dado;

Pero si quisiera ser perfecta es porque quisiera

Poder mezclarme con la belleza inigualada de la naturaleza,

Inspirar el Amor que he entregado,

Y llenar el vacio, mi sed de cariño saciado…

Oh amor, ternura, caricias invisibles con las que he soñado,

Y con las hojas del tiempo se van, pegadas en ellas, las sonrisas

Y miradas profundas que he entregado,

Pasos que el viento van poco a poco borrando,

Dejando talladas, solo en el alma,

El nombre de queridos seres que he amado…

Por Los Envidiosos

Siento en mi alma una pluma que pesa;

El deseo de huir de este mundo que lastima,

Me ha sentenciado la injusticia,

Y me han vestido con telas de mentiras…

Yo pedí a Dios conocer almas limpias.

Pedí a Dios vivir en un mundo puro,

Y solo veo ojos que brillan de envidia,

Y bocas que solo el diablo puso…

En vano rece por los pecadores,

Y pedí por la verdad del día.

He esperado ya un año desde que la mala se fue

Y la obra de Satan por élla seguía…

DIOS LOS PERDONE POR SUS PECADOS,

POR MI, Y POR AQUELLOS, QUE HAN ENVIDIADO!

Sin Esperanzas

Cuando el viento se lleve, una a una, las doradas hojas de los años,

Cuando ya, en el camino, las huellas de mis pasos borre,

Cuando ya enfriados en mi rostro, mis labios enmudezcan para siempre,

Nacerán, porque si, las flores que mi alma logre…

Entonces, no moriré, pues ya estoy muerta,

Si la luz de las esperanzas es lo ultimo que en el cuerpo se apaga,

Si ilusiones perdidas en la mar son juguetes en las olas de sueños que avanzan,

Entonces yo ya me fui, si ya no existen en mis sueños esperanzas…

Que mal, que enfermo en mi cuerpo la discordancia,

Que adentro esconde mi alma, tan vieja y tan fría,

Mientras afuera, un rostro de niña suspira con melancólicas ansias.

No ven que mis años no me alcanzan?... No ven en mi alma arrugas?...

Que si triste el inmenso dolor escapa,

No queda nadie en la nada, no nacen flores en el césped:

Queda solo una lagrima, que despacio, va desapareciendo en la inmensidad magna…

Soledad

Silencio y quietud invaden la noche,

Empequeñecida y despreciada por un par de corazones,

La ciudad, en su bullicio, habla,

Y mi alma, triste, llora y calla;

Se oye el rumor de lejanas risas, goces de alegría,

Y siento envidia de esa felicidad,

De esas almas bendecidas…

Quisiera ser primavera para traer alegría,

Quisiera ser ruiseñor para cantarle al amor,

Pero, no he nacido cantor,

Y me conformare con ser, de soledad, su más intima Amiga…

Sueños

Sueños que tenían la fragilidad del cristal en los dedos juguetones del pensamiento.

Sueños que se revolvían en la imaginación,

Ivan y venian, mariposas juguetonas, trayendo

En sus alas la tibieza de la dicha de una ilusión,

Yendose con el impacto de las primeras luces de una aurora entre tantas,

Ansias de un recuerdo muy lejano que descansan en el corazón…

La brisa de una mañana primaveral me los llevo,

Despertaron mis ojos frente a la imagen misma de la vida.

Frente al mismo jardín, la misma flor, la misma planta,

Se quebró el sueño, y con él se deshojó mi repentina dicha…

Sueños, Esperanzas

La realidad, a veces firme y monstruosa,

Se deja palpar, sentir, vivir.

El soñar siempre lejano y feliz

No llega a ser realidad y termina por morir…

Sueños, que como mariposas blancas vienen y van

Con su continuo aleteo;

Desparramando polvo de felicidad,

O el gozo y toque de un beso…

Entonces como la brisa perdida

Que corre y corre, despiertan en mi ilusiones,

Que se van alternando,

Esperanzas que se mueren con el día y regresan con la noche…

Triste

Canta la noche desesperada y entre nubes de dolor muere la tarde.

Desde esta mañana que amaneció gris y triste, la blanca,

Su celeste tan puro fue pintado de luto

Y en su manto traía, de vez en cuando, gotas de nacar…

No llores, que si tu lloro a veces, trae abundancia,

Esta vez, a mi alma les das tristeza.

Porque mi corazón está desesperado con estas ansias

De sentir la alegría que necesito para ahogar mis quejas…

Algún Dia

Entonces darme cuenta que estoy rajando mi juventud intacta,

Que la mueca en la boca abierta de mi alma tanto amarga,

Que se endueña y encierra la cajita mágica de la alegría,

Las burbujas rotas de mis ilusiones, los sueños que en mis noches vagan…

Entonces, gritarle a la marea doliente de la nube gris,

Que he reaccionado, que ya no podrá aranarme con su uñas,

Ni arrastrarme en el barro sucio y melancólico que se pega,

Mis sueños algún día me llevaran y se cubrirán de risa mis llantos…

Entonces, cuando quiera invertir una lagrima más,

No dejaré que caiga desperdiciada y fría en un mar furioso.

Las flores la recibirán sonrientes en sus brazos verdes,

O será una estrella más en el azul grandioso…

A Las Picaras

"Yo se, yo se lo que sos."

"Yo te conozco aunque no los sepas."

"O te crees que yo soy, como tu dices que me conoces,

Una tonta idiota, distraída y ciega."

"Eso es lo que tu piensas, no es cierto?"

"Pues si eso es lo que te hice creer, lo siento."

"Yo se lo que tu eres, siempre lo supe."

"Supe de tus criticas secretas a mi espalda,

Y lo calle, lo calle para no despertar sospechas,

Pero ahora me tienes entre la pared y la espada."

"Si a todo lo que yo hago vas a buscarle vuelta

Para hacer de todas mis rosas una espina."

"Si a todas mis alegrías me las quieres ahogar,

Y a todas mis tristezas agudizar."

"Si te encontré riendo de todos mis errores,

Y a todas mis bondades tratas que ellos borren."

"Si a todos que están a mi lado tu les dices que me quieres,

Y a todos en mi contra confiesas que "me odias."

"Si a aquel que me ama tu odias fuertemente,

Y a los que me odian tu amas."

"Pues, a nadie engañas…"

"Me odias con el alma…"

"Conoces la envidia?"

"Pues, tú la tienes…"

"No me crees? Pues anda, toma este puñal

Y haz con el lo que tu quieres."

"Aquí me tienes…"

A Los Mentirosos:

Afuera la noche obscurecia el cielo y encendia las estrellas,

Había en cada una de ellas, una promesa;

Era como si el cielo trajera y apremiara aquella alma

Que virtuosa llevara la verdad y la pureza…

Así como se esconde el resentimiento debajo de una sonrisa,

Hay veces que el descontento cubre la verdad con una mentira.

Pero, a la larga, la vida quita el manto enganoso,

Donde, a veces, esconde un corazón ambicioso…

Nunca el velo de la mentira logran esconder la verdad;

Nunca podrán ir tan lejos como para olvidar la realidad.

Porque la verdad revestida con los mantos de mentira

Solo cubren la vida con falsedad…

Aquellas almas vencidas que buscan un mundo para refugiar

Todo el dolor de la derrota y el furor de la envidia,

Esconden el alma intranquila abajo del disfraz mentiroso,

Renuncian a la realidad y se entregan enfermos a la fantasía…

Disfraces son superficiales en el mar del mundo,

La verdad y la hermosura solo esconde en lo profundo.

Las olas traen golpeando las ostras a la playa,

La verdad siempre se descubre a medida que el tiempo pasa…

Yo solo encuentro resentimiento por esos seres cobardes,

Que pretenden enganar con sonrisas cuando merecen la pena.

Dios los ayude y Dios quiera

Que de Mentiras, a mentiras poco a poco no conviertan…

El Olvido

Hay veces que quiero tomar el néctar del olvido,

Pero, sigo recordando que soy un animal sin escrúpulos.

A la noche, siento que el espíritu, despierto, me lleva en sus brazos,

Y me despierto de la pesadilla que es negra, y me confundo…

Sé, que con el espíritu débil y sin fe

No soy siguiera un grano de tierra

En la ola inmensa del universo,

En las manos de la vida ciega…

En el futuro, las rosas rojas del ramo de mi sangre marchitaran,

Y mis manos se alzarán a buscar el amor en lo que toque,

Y las huellas de mis tormentas desaparecerán

A medida que el viento mis memorias borre…

,

Ansias

Oh, Dios mio, perdóname por no haberte agradecido por lo que me has dado;

Pero si quisiera ser perfecta es porque quiero

Poder mezclarme con la belleza inigualada de la naturaleza,

Sentir el Amor que he entregado, y llenar mi alma, mi sed de cariño saciado...

Oh Amor, temura, caricias invisibles con las que he soñado.

Y con las hojas del tiempo, van pegada, con ellas, las sonrisas,

Las miradas profundas que he entregado.

Pasos que deje atrás y que el viento va, poco a poco, borrando...

Triste

Recordando mis noches grises de tristeza,

Y de mi alma las penas con sus amargas largimas,

Viviendo extraños momentos,

Aquellos que ni el viento del invierno

Consiguen de mi arrancarlos;

Entonces, que lejos la patria de mis dorados sentimientos

Navegan en la mar de la vida,

Que no queda ni grano, ni espiga, solo la astilla

En el aluvio desenfrenado de mis tormentas...

Si al levantar mis manos por su ayuda,

Recibo la espina y sus rosas,

No podrán divisar mis ojos

Las estrellas que adornan el firmamento.

Entonces seguirán mis brazos siempres vacíos,

Mis labios esperando,

Y se volverán a sentir en tiempos grises

El oscuro viento, y el mismo llanto...

Triste

El día nos ha despertado frio y triste.

La llovizna del día transcurrido empaño su claridad;

El cielo sin nubes de algodón ni azul intenso;

En ese mar inmenso hoy no navega el sol ni siquiera su luminosidad…

Buscan sin cesar mis ojos, en ese mar celeste claro,

Algún indicio que alegre mi despertar,

Pero no tropieza mi calma mirada

Con nada, con nadie, que consiga a mi alma tocar…

Mis ojos tristes abandonan su búsqueda,

Y en un momento, pensativa, comprendo, y mi voz muda

No quiere quebrar, ni por un momento, el silencio…

Abandono la búsqueda y desconsolada

Dejo que vagamente me pierda en nada,

Y me dejo llevar por la mar de pensamientos,

Y mi mente, en su constante trabajar, descansa…

Triste Presencia

Entre atmósfera invisible,

Bajo el poder del espíritu despierto,

Siento las manos de incógnita tocarme las manos del alma;

Y los puños que palpitan y las uñas que desgarran…

Quiero gritarle al vivo y susurrarle al muerto,

Tocar las estrellas cuando duermen y yo despierto,

Quiero alcanzar la luz del día que, lejos,

Extiende primavera sobre los cerros…

Mares es en mis ojos mi existencia.

Flores sobre la tumba crecen muy bellas.

Las sombras en mi alma, triste presencia;

La muerte que ya existe y no me entierra…

Tristeza

Y ahora la noche me ciega los ojos, que con ternura de madre,

Tristeza me ha acariciado el alma,

Y el dolor ha punzado la pulpa, manojo de nervios.

Que la noche me tienda su red de dolores,

Y el corazón ya solo viaje al paso del rumbo del viento.

No, ya que mis piernas corren siguiendo desastrosos pasos,

Ya que las plantas me hieren, ya que la lluvia enturbia el día,

Entonces no quedan estampas vividas

De risas, de felices caricias.

Al alma ha tocado la espina del negro,

Del triste despojo, del sucio reflejo…

Entonces, espero sufriendo al sol que ilumine

A los labios esponjosos del cielo;

Que alimente el rosal, que traiga a mi alma el trago dulce del amor,

Y el descanso amable del consuelo…

Una Estrella

Siento como del árbol de las tristezas ha caido una hoja que me pesa en el alma…

Siento, que sin tratarlo siquiera, el rocio me moja la cara…

Es… como si una espina de una rosa de primavera

Hiriera el blanco marfil de una epidermis muy suave.

Sabe Dios, y cualquiera sabe, que al verse separar la carne

Del dolor parte la sangre y un grito que escapa

Con sorpresa, antes que nadie apretara la boca con fuerza…

Quiero llorar, más el fulgor de una estrella ha llamado mi mirada.

Mi corazón, poco a poco, va borrando mis tristezas,

Y, mientras viajaban estrellas en mis venas,

La sangre no broto y no hubo espina que me hiriera…

"Si una noche engalanada y un manto de dulzura en ella

Pudo llamar mi mirada y borrar mis tristezas;

Cuando una espina te hiera busca, como yo, una estrella…"

Una Huella

Cuando en el horizonte pintaron el cielo de noche las tinieblas,

Y, entre sombras, asomaban en su pecho las estrellas.

Cuando el brillo del sol se apagaba bajo una fuerza misteriosa,

Dejo el viento una hoja en el fondo, y en mi alma, una huella…

¿Cambiar? No puedes…

Porque tus ojos te traicionan, y tus venas se llenan de penas,

Y el rocio te nubla la mirada sin estrellas,

Y, en tu alma, te atormentan latigazos de tristeza…

Si en tus labios se asoma la primavera,

En tu corazón sopla en viento del invierno

Y pronto se disuelve la mágica alegría,

Y te ven temblar a las alas de esos vientos…

Porque si tratas de aparentar

Y vestirte de felicidad;

En tus venas, en tu alma con tus lagrimas,

Se percibe la traicionera verdad…

Una Pluma

Llevo una pluma que pesa en mi alma,

Que hace negra sombra en mi mente,

Que, poco a poco, va ahogando mi calma,

Y va secando mi pecho lentamente…

Tengo los brazos caídos,

Como pétalos dormidos

Que cuelgan… largos… cansados,

Sin fuerza, desconsolados, muy fríos…

Quien?

¿Quien roba el polvo mágico de mis sueños?...

¿Quien sacando su daga ha arañado mi alma?...

¿Tiene pecho, es alma, o es simplemente la nada en el aire?...

¿O quizás, un pájaro volando en la mar de la noche mágica?...

¿O eres tu, copa blanca de la mañana,

Que has roto la alegría de mi breve felicidad?...

¿No sabes que ilusiones, esperanzas, todo lo profundo,

Son añoranzas que mata la horrorosa realidad?...

Señor

Que voces mágicas me encantaron,

Que luces iluminaron mis ojos,

Obras que en mi cumplio mi Dios,

Quien compuso con milagros los pétalos rotos.

Si tus manos, Señor, no llegan a tocarme,

Te pediré que borres de mi corazón mis heridas provocadas antes,

Para, que allá, en la infinidad de tu Reino,

Pueda, en un nuevo cielo, tristeza, olvidarte…

Consuelo

Mi alma desea amnesia para aquellos que han sufrido,

Recuerdos para los que fueron amados…

Profundas serán enterradas las hojas del desamparo,

Y, así cuando las almas se confundan con la luz tan brillante,

Se colgaran más estrellas al azul del hermoso cuadro,

Hasta que todas juntas sean de un blanco impacto…

Y cuando los labios de la muerte toquen mis manos,

Sabre que ella guiara mis pasos en adelante;

Ya no habrá más preocupaciones, ni lloros, ni tristezas,

Ni viento que me arrastre, ni barro que me manche…

Amor

A Osvaldo (Mi Amor)

Dios salpicó la noche de estrellas

Y baño de flores la tierra;

Puso pétalos en mis manos

Para acariciarte con ellas.

Puso un beso en la palabra

Y un mensaje en la mirada,

Puso un rostro en mi alma

Para que pudieras amarla…

Si fueran las hojas la cuerdas de un piano,

Y una symfonia poder dedicarte;

Si pudieran mis palabras acariciarte el alma,

Volar a tus ojos… los labios rosarte…

Notarias en mi carta que de tanto amarte

No hay día, ni noche, sin mucho pensarte;

Que leas entre silabas, que oigas el mensaje:

"Mi corazón se deshace de tanto extrañarte…"

Amor Mio

Envueltos en nubes de terciopelo,

Flotamos y flotamos en la neblina;

Envuelta en aquello impenetrable,

Te da paso solo a ti, mi amor, mi vida…

Tus ojos puestos tiernamente en mi,

Mirando amorosamente tus pupilas,

Soy la más feliz del mundo,

Y siento que mi corazón agitado palpita…

Tus brazos me rodean,

Tus labios acarician mi mejilla,

Y el tiempo que pasa, que transcurre,

Me parece un minuto de mi vida…

Cierro los ojos y dejo que pasen las horas

Mientras tu, en un beso,

Me entregas tu corazón diciéndome

Te quiero… Te quiero…

Amor

En la obscuridad prendió una luz,

Y la luz brillo en los ojos.

Una flor prendió en mi alma,

Y le dio inquietud… y le dio la calma…

Brillaba encendido mi corazón,

Y, en mis ojos, de ternura la mirada.

Mis labios adornados de risas con tesoros

Que en besos tú me dabas…

Mis manos, rebosantes de ternura,

Te ofrecían solo a tí lo más profundo,

Y tu las tomabas

Con el gesto más puro…

Pero lágrimas del invierno tan frio

Van matando la llama de este amor.

Es que el mundo en el que junto vivimos

Murió de tristeza con tu palabra "Adios…"

Amor

Último quejido de mi alma muda,

Que tiembla, que gime, se alza en ayuda.

A bocas muy frías, algunas burlonas, algunas muy crudas,

Algunas celosas que escupen malicias…

Amor, voy cayendo débil por tantas injurias.

Por quererte tanto y no llegar a tu alma escondida,

Por vertir tantos lloros, por beber angustias,

Por rogar comprensión, en busca de alegría…

Pero, perdón amor, si en busca de sueños profundos,

He creído nuestras ilusiones unidas…

Inspirar el Amor que te he entregado

Y llenar mi alma, mi sed de cariño saciado…

Oh Amor, ternura, caricias invisibles con las que he soñado,

Y con las hojas de tiempo, van pegadas las sonrisas

Y miradas profundas que he entregado.

Pasos que el viento van poco a poco borrando…

Amor Vencido

Un amor que con amor se borra,

Es como una flor vencida en el pasado;

Vencida por el sol, el día, primavera,

Vencida por amor, y un triste desengaño.

Se trata de cortar con flor, el virus de tristeza,

Más, amor trae el recuerdo, y es en vano.

Que vuelva el sol, el día, primavera,

Que flote otra flor que flote en el espacio…

Arriesgada

Tu barco cruzo el charco húmedo de mi camino,

Y, por un instante, al tomarme las manos, se unieron nuestros destinos…

Con calladas palabras mis labios llamaste,

Tus ojos me invitaron a ti acercarme,

Y, sin palabras, en mi cuerpo estampaste tu imagen,

Y recogiste mi alma, y sin motivo, te la llevaste…

Aceptaria tu boca, tan seria, para alegrarla,

Y confiaría mi vida en tus manos de hombre si fueran mias…

Me bañaria con el azul de tus ojos todos los días,

Y si mi alma fuera arriesgada, yo te amaría.

Pero, aunque me regalaras diariamente la rosa de tus pensamientos, yo temeria.

¿Porque si tu alma no es tuya, como ser mia...?

Cuanto Te Quiero

Que tierno y dulce es tu mirar,

En tus pupilas brilla un mundo de ilusión.

"Te quiero, alma mia,

Y si supieras cuanto, corazón…"

Buscastes a ciegas mis manos,

Me las acariciaste tiernamente,

Y senti el abrigo de tu cuerpo

Cuando rodeaste mi cintura lentamente…

Quise decirte, no se cuantas cosas,

Y, con ello, decirte cuanto te amo,

Mas, las palabras se atascaron en mi boca,

Y te lo dije en silencio, me acariciastes las manos,

Me seguiste envolviendo con tu mirada,

Acercaste tu boca a la mia

Al conjuro de un beso que me dabas…

Que extraña sensación de felicidad,

Escondi mi cabeza en tu pecho, ruborizada,

De pronto, un repentino estremecimiento me envolvió,

Tu, con tu rostro mi rostro acariciabas…

Deseo

La esencia de mi vida refleja como el filtro de un atardecer,

Las sombras de las largas penas van tirándose a su camino.

Es como si los ojos de mi alma, vendados, cesaran de ver

Ahogando la luz que mis pocas esperanzas han encendido…

Quisiera poder volver a nacer como una mariposa en una mañana;

Que mis labios mudos pudieran volar,

Y en las flores más dulces y delicadas solamente posaran,

Y a las hojas más altas y verdes pudiera rozar…

Quisiera que mis labios no temieran beber tu ternura,

Que mis pensamientos te toquen sin desconfianza;

Poder depositar en tus manos la flor de mi vida,

Y en tu alma amorosa jamás marchitara…

Amor: Perdon… (A Osvaldo)

Los ojos de mi alma hunden nuevamente en un mar de amargura.

Mis manos, extendidas, pretenden alcanzar una ilusión imposible.

Mis labios, mojados de Amor, vuelcan de nuevo de mi boca muda,

Y a mis ojos, la oscura niebla empaña triste…

Oh Amor, que quise apresarte en el palacio mágico de mis sueños tiernos,

Que quise impregnarme con el perfume de mis manos rebosantes de pintorescas flores;

Que quise darme por tí y a tí recogerte de nuevo en mi dulce juego,

Y que, mi mente, te ayude a labrar lo que tus ambiciones logren…

Oh Amor, Amor divino que tanto llenas de flores mi jardín marchito,

No quites una a una las semillas que, en tu presencia, he sembrado,

Y, si alguna vez, mi amor en ira te ha herido,

Fue porque mi corazón ha desvanecido en cada sueño defraudado…

Fue sola mi alma que sueños divinos se ha forjado

De un cariño que esperaba mi corazón con sus manos extendidas.

Fue solo mis labios que, en espera, pimpollos ha sembrado

De flores que, poco a poco, caen a mis pies marchitas…

Amor: Perdón, si por mis ilusiones enceguecida,

A tu lado, he estallado furias incompresibles.

Perdón por no haber fingido cuando herida

Y por haber dormido fría, creyendo a mis sueños puros invencibles…

Amor: Perdón

Porque, mi Amor,

Todas mis flores son por ti y tuyas como el alma mia,

Y todas mis lágrimas por ti y por semillas muertas de mi amarga vida…

www.ingramcontent.com/pod-product-compliance
Lightning Source LLC
Chambersburg PA
CBHW050258090426
42734CB00026B/3494